LES RECETTES DU CINÉMA FRANÇAIS

Émilie Suzanne aux fourneaux
Photographies mitonnées par Marion Saupin
Contextes concoctés par Eugénie Michel

YNNIS
ÉDITIONS

C/O YNNIS ÉDITIONS
38 rue Notre-Dame-de-Nazareth
75003 PARIS
https://ynnis-editions.fr
Ynnis Éditions
@YnnisEditions
@ynniseditions

Émilie Suzanne aux fourneaux
Photographies mitonnées par Marion Saupin
Contextes concoctés par Eugénie Michel

Shooting finement préparé à @theofficelatable

Direction de publication aux petits oignons par Cedric Littardi
Direction éditoriale déglacée par Sébastien Rost
Édition française braisée par Philippe Vallotti
Correction attendrie par Mélissa Veludo
Couverture hachée menu par Sébastien Rost
Adaptation graphique de la maquette dressée par Camille Pradère
Icônes sorties du four de Freepik
Fabrication saupoudrée par centSucres
Communication et marketing flambés par Thomas Cavaciuti
Coordination cuite au feu de bois par Jeanne Bucher
Remerciements savoureux d'Émilie à Alan pour son soutien
Remerciements gourmands de l'éditeur à Ugo Guillerme et Thaïs Rick

Sommaire

Les plats

Les desserts

Les plats

LA VIE EST UN LONG FLEUVE TRANQUILLE

1988

Premier film du réalisateur Étienne Chatiliez, sorti en 1988 et récompensé par quatre César, *La vie est un long fleuve tranquille* met en scène deux familles que tout oppose. D'un côté, il y a les Le Quesnoy (un couple aisé et ses cinq enfants), catholiques pratiquants, habitant une belle demeure bourgeoise entretenue par une domestique où éducation, discipline et vouvoiement sont de rigueur ; de l'autre, les Groseille (les parents et leurs six rejetons), vulgaires, racistes et négligés, aux revenus très modestes, vivant en H.L.M. de combines et de vols, où les enfants sont livrés à eux-mêmes et ne fréquentent pas tous l'école.

Les deux familles ne doivent leur rencontre qu'à une infirmière obstétricienne méprisée par son amant, un gynécologue qui la délaisse constamment. Gagnée par la colère, elle échange les deux nourrissons qu'il vient de mettre au monde : le petit Le Quesnoy et la petite Groseille. 12 ans plus tard, humiliée une fois de plus par le médecin, elle révèle son méfait aux intéressés. Les parents Le Quesnoy se proposent alors d'accueillir leur vrai fils, Maurice (ou Momo), tout en continuant d'élever la fille des Groseille qu'ils pensaient être la leur, Bernadette. Cet événement va progressivement bouleverser le quotidien et les règles strictes de la famille bourgeoise.

Ce bouleversement se traduit également dans les assiettes. Si au début du film, la mère Le Quesnoy prépare toutes les semaines des raviolis maison à ses enfants – sa réplique « C'est lundi, c'est raviolis » est devenue culte –, elle sombre peu à peu dans la dépression et la boisson, et n'est plus en mesure d'officier aux fourneaux… ni à aucun autre poste, d'ailleurs. Son mari l'envoie alors se reposer au Touquet et doit s'occuper lui-même des repas. Ses raviolis en boîte, qui ne font pas forcément l'unanimité, sont plus un plat que les Groseille auraient pu servir et marquent un franchissement de la frontière entre les milieux sociaux des deux familles.

RAVIOLIS MAISON

DIFFICULTÉ : 4/5 **DURÉE** : 50 MIN **POUR** 2 PERSONNES

Ingrédients

200 g de farine
(et un peu pour étaler la pâte)

2 œufs

125 g de ricotta

½ botte de ciboulette ciselée

1 citron

1 cuillère à soupe
d'huile d'olive

Sel

20 cl de crème fleurette

50 g de parmesan râpé

Matériel : laminoir, râpe ou zesteur,
emporte-pièce rond

Recette

1 Versez la farine dans le saladier. Faites un puits et déposez-y les 2 œufs. Mélangez à la main jusqu'à obtenir une pâte homogène. Filmez et réservez au frigo 1 h.

2 Farinez la pâte et abaissez-la au laminoir plusieurs fois, du plus grand cran jusqu'au n° 6.

3 Mélangez la ricotta avec la ciboulette et le zeste d'½ citron, l'huile d'olive et un peu de sel.

4 Formez des petits tas de farce sur votre pâte. Recouvrez avec un autre morceau de pâte. Avec un doigt humidifié, dessinez le contour de la farce pour renforcer l'adhérence. Utilisez l'emporte-pièce pour séparer les raviolis. Appuyez sur les bords pour bien fermer.

5 À l'aide d'une fourchette, pressez les bords pour décorer.

6 Versez la crème fleurette, le parmesan et le zeste du citron restant dans une casserole. Faites chauffer à feu doux pour que le parmesan fonde.

7 Dans une autre casserole, faites cuire les raviolis dans de l'eau frémissante pendant 3 min. Servez et versez la sauce de l'étape 6 par-dessus.

LA CUISINE AU BEURRE

1963

Première et unique rencontre sur grand écran de deux vedettes comiques de l'époque, mais aussi d'un admirateur et de son idole, Bourvil et Fernandel, *La Cuisine au beurre*, film réalisé par Gilles Grangier en 1963, est surtout le combat amical entre deux hommes pour le cœur d'une femme. Mais aussi entre deux caractères diamétralement opposés (l'un est honnête, travailleur et strict, l'autre est menteur, paresseux et rigolard), entre deux régions, la Normandie et la Provence – même à la ville, les deux acteurs sont respectivement natifs d'une toute petite commune de Seine-Maritime et de Marseille –, entre deux gastronomies, entre le beurre et l'huile d'olive !

Fait prisonnier pendant la Seconde Guerre mondiale, Fernand Jouvin (Fernandel) fête sa libération plusieurs années durant dans les bras d'une plantureuse Autrichienne, jusqu'à ce que le mari de celle-ci réapparaisse. Il se voit alors contraint de regagner sa ville, Martigues, où il a laissé son épouse, Christiane (Claire Maurier), et son restaurant, *À la vraie bouillabaisse*. Il découvre alors que l'établissement est devenu une table étoilée proposant des recettes du Nord-Ouest de la France, *La Sole normande*, tenue par un certain André Colombey (Bourvil), et que sa femme, le croyant mort, s'est remariée avec ce dernier. Si Fernand servait autrefois l'emblématique bouillabaisse provençale, à l'origine un simple ragoût de poissons de roche méditerranéens invendus ou invendables, parfumé notamment à l'huile d'olive et considéré alors comme un plat de pauvres, la spécialité d'André, élaborée avec un poisson haut de gamme, est plus coûteuse et surtout plus représentative de sa région : la sole normande. Il ne s'agit pas ici de la préparation garnie de divers fruits de mer et de crème fraîche, mais d'une sole farinée revenue dans du beurre, plus connue sous l'appellation « sole meunière », l'adjectif « normand » pouvant qualifier toute recette comprenant les produits typiques de ce terroir (beurre, crème, pommes ou encore calvados). Une sauce normande peut donc revêtir bien des saveurs, mais le film a fait son choix !

SOLE « NORMANDE » AU BEURRE

DIFFICULTÉ : 2/5 **DURÉE** : 20 MIN **POUR** 2 PERSONNES

Ingrédients

200 g de champignons de Paris

2 cuillères à soupe de beurre

½ verre de cidre brut

20 cl de crème fraîche épaisse

Sel

2 filets de sole

50 g de farine

Persil pour décorer

Recette

1 Nettoyez les champignons avec un torchon et émincez-les. Faites-les revenir dans une poêle à feu vif avec une petite cuillère à soupe de beurre. Laissez-les dorer. Déglacez avec le cidre. Ajoutez la crème ainsi qu'une bonne pincée de sel.

2 Passez les filets de sole dans une assiette de farine, puis tapotez pour retirer l'excédent.

3 Dans une autre poêle avec le restant de beurre, saisissez les soles de chaque côté pendant 1 min. Dressez les filets avec la sauce et décorez avec le persil.

LA GRAINE ET LE MULET

2007

Figurant régulièrement dans les premières places des sondages portant sur les plats préférés des Français, le couscous s'est répandu dans l'Hexagone au début de la conquête de l'Algérie, en 1830. Plus largement originaire du Maghreb, ce plat traditionnel à base de semoule de blé dur roulée à la main puis cuite à la vapeur s'accompagne d'un bouillon plus ou moins pimenté et épicé, et généralement – en tout cas en Algérie et au Maroc – de viande (mouton, agneau ou poulet) et/ou de légumes divers selon les régions et les saisons. Si la Tunisie compte elle aussi des couscous à la viande, ce sont ceux au poisson (dorade, rouget, mérou, etc.) qui sont les plus représentatifs de la gastronomie du pays, des variantes toutefois peu connues en France.

Du moins l'étaient-elles jusqu'à la sortie du film *La Graine et le Mulet*, réalisé par Abdellatif Kechiche, qui met à l'honneur le couscous de la mer jusque dans son titre, « la graine » faisant référence à la semoule, et « le mulet » à l'espèce de poisson utilisée pour la confection du plat. Événement cinématographique de 2007, ce drame social a remporté nombre de prestigieuses récompenses, notamment le Lion d'argent à la Mostra de Venise, le prix Louis-Delluc, et les principales catégories des César l'année suivante. Le long métrage a par ailleurs été classé meilleur film français de la décennie par les *Cahiers du cinéma*, la célèbre revue spécialisée.

Usé par un travail pénible au chantier naval de Sète, Slimane Beiji (Habib Boufares), la soixantaine, en est finalement licencié. Il décide alors d'investir ses maigres indemnités dans l'achat d'un rafiot, qu'il veut retaper et transformer en un restaurant de couscous de poisson. Mais le chemin vers la réussite sera semé d'embûches administratives, financières et logistiques. Heureusement, il pourra compter sur l'aide de ses amis et de sa famille, composée entre autres de son ex-femme, de leurs enfants, de sa nouvelle compagne et de sa belle-fille. Le plat, au-delà de symboliser l'espoir d'une vie meilleure, les rassemblera, au sens propre comme au figuré !

COUSCOUS DE MULET

DIFFICULTÉ : 2/5 **DURÉE** : 1 H 30 MIN **POUR** 4 PERSONNES

Ingrédients

100 g de pois chiches

1 cuillère à café de graines de cumin

1 cuillère à café de graines de coriandre

3 gousses d'ail

Gros sel de Guérande

4 cuillères à café de harissa

6 cuillères à soupe d'huile d'olive

2 gros mulets (ou 2 bars selon la saison)

4 oignons

1 cuillère à café de graines de fenouil

1 dose de safran

1 cuillère à café de ras-el-hanout

1 cuillère à soupe de concentré de tomates

1 boîte de tomates pelées concassées (220 g)

4 pommes de terre

3 verres de semoule de couscous

5 poivrons et/ou des piments

1 noisette de beurre

Matériel : mortier

Recette

1 La veille, mettez les pois chiches à tremper dans un bol d'eau. Dans un mortier, mettez le cumin, la coriandre, les gousses d'ail épluchées et le sel. Écrasez bien le tout, puis ajoutez 3 cuillères à café de harissa puis 2 cuillères à soupe d'huile d'olive. Mélangez. Recouvrez bien le poisson de ce mélange et réservez 30 min.

2 Découpez 2 oignons en rondelles. Faites-les revenir dans une cocotte avec 3 cuillères à soupe d'huile d'olive. Ajoutez le fenouil, le safran, le ras-el-hanout, la harissa, le concentré de tomates, les tomates concassées, 1 litre et demi d'eau, les pois chiches égouttés et le sel. Laissez mijoter pendant 20 min, avant d'y mettre les pommes de terre entières épluchées et les 2 autres oignons épluchés et coupés en deux. Cuisez le tout encore 20 min.

3 Pendant ce temps, versez la semoule de couscous dans un saladier et faites bouillir le même volume d'eau. Mettez l'huile d'olive restante. Versez l'eau bouillante sur la semoule et couvrez hors feu pendant 5 min. Avec une fourchette, égrainez délicatement la semoule.

4 Ajoutez délicatement le poisson à la préparation de l'étape 2 avec les poivrons et/ou les piments émincés. Faites cuire 10 min (ou plus si le poisson est très épais).

5 Retirez du feu. Dans un récipient adapté, versez la semoule et mettez-y le beurre. Arrosez avec le jus des légumes. Les légumes, la graine, le mulet... tout est prêt !

LES BRONZÉS FONT DU SKI

1979

Un an après ses aventures dans un Hôtel-Club de Côte d'Ivoire, la joyeuse troupe du Splendid est de nouveau réunie par le réalisateur Patrice Leconte, mais cette fois dans la station de sports d'hiver de Val-d'Isère, pour *Les Bronzés font du ski.* Si le film n'a eu qu'un succès modéré à sa sortie, en 1979, il est devenu au fil des décennies et des diffusions télévisées un grand classique de la comédie populaire française, certaines scènes ayant particulièrement marqué les esprits, comme celle de la fondue. Pour fêter leurs retrouvailles, Gigi (Marie-Anne Chazel) invite dans la crêperie qu'elle tient habituellement tous ses petits camarades autour de la célèbre préparation à base de fromage.

Spécialité des Alpes suisses et françaises, la fondue se décline en autant de versions qu'il y a de variétés de fromages et de combinaisons possibles entre eux. Les trois plus connues sont certainement la moitié-moitié, composée à proportions égales de gruyère et de vacherin fribourgeois, la jurassienne, élaborée avec du comté du Jura, et la savoyarde, faite traditionnellement de beaufort. Étant donné le lieu de l'action du film, c'est sans aucun doute cette dernière que l'on voit à l'écran. Quoi qu'il en soit, le principe de la dégustation est le même pour toutes : on frotte un caquelon avec de l'ail, dans lequel on met à fondre le fromage coupé en cubes avec du vin blanc (parfois additionné d'un peu de kirsch), puis on y trempe des dés de pain rassis à l'aide d'une longue pique munie de dents.

Plat roboratif et convivial par excellence, il l'est beaucoup moins lorsqu'un petit plaisantin – en l'occurrence Marius (Maurice Chevit), le nouvel amant de Christiane (Dominique Lavanant) – y ajoute discrètement en cuisine son fil dentaire, pensant ainsi amuser la galerie mais créant au contraire des tensions entre les amis, Bernard (Gérard Jugnot) étant largement soupçonné de la mauvaise blague. La fondue devenue immangeable, ils peuvent se consoler avec une tarte aux myrtilles, autre mets typiquement montagnard, Gigi n'étant sûrement pas disposée à leur préparer des crêpes au « suc »…

FONDUE SAVOYARDE

DIFFICULTÉ : 1/5 | **DURÉE** : 10 MIN (VEILLE) + 30 MIN | **POUR** 4 PERSONNES

Ingrédients

2 baguettes

400 g de beaufort

400 g de comté

200 g d'emmental

1 gousse d'ail

30 cl de vin blanc sec

1 cuillère à café de muscade

1 cuillère à café de fécule de maïs

Poivre

1 petit verre de liqueur de kirsch

Facultatif : 1 jaune d'œuf

Matériel : caquelon et piques

Recette

1 La veille, coupez des cubes de pain et laissez-les à l'air libre.

2 Coupez les différents fromages en petits dés et la gousse d'ail en deux. Frottez le caquelon avec l'ail et laissez-le à l'intérieur. Versez 25 cl de vin blanc et faites chauffer.

3 Dans un récipient, versez le reste de vin, la noix de muscade et la fécule de maïs. Mélangez et réservez.

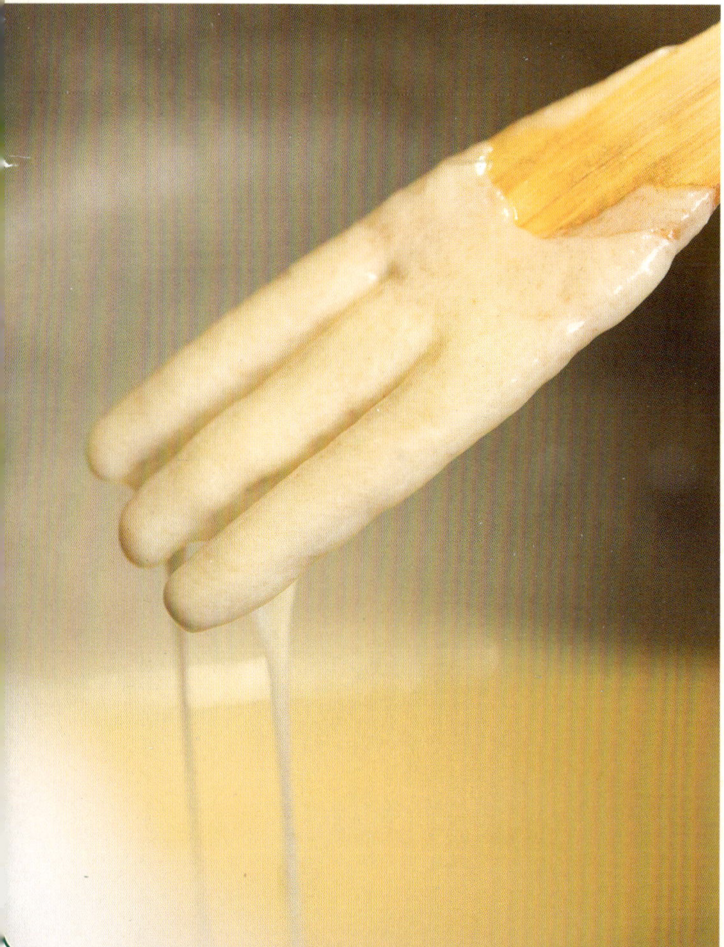

4 Lorsque le vin frémit, versez le fromage (en plusieurs fois), sans cesser de remuer (avec une spatule en bois) à feu doux.

5 Une fois le fromage fondu, versez le mélange de l'étape 3 dans le caquelon et continuez de remuer doucement.

6 Quand la préparation devient mousseuse, mais toujours un peu liquide, poivrez et ajoutez le kirsch. C'est prêt ! Le jaune d'œuf servira à récupérer le reste du fromage au fond du caquelon en l'y ajoutant quand il n'y aura plus de liquide.

UN AIR DE FAMILLE

1996

Adaptation de la pièce de théâtre éponyme de Jean-Pierre Bacri et Agnès Jaoui, *Un air de famille*, réalisé par Cédric Klapisch deux ans plus tard, en 1996, en reprend la même distribution principale, incluant les deux auteurs dans les rôles respectifs d'Henri et de Betty, frère et sœur de la famille Ménard. En font également partie Philippe (Wladimir Yordanoff), le troisième membre de la fratrie, leur mère (Claire Maurier), et la femme de Philippe, Yolande (Catherine Frot). Le petit groupe a l'habitude de se réunir tous les vendredis soir pour un repas au restaurant. Ils se donnent toujours rendez-vous avant au café que tient Henri. Mais cette semaine-là, par des circonstances exceptionnelles, ils mangeront sur place.

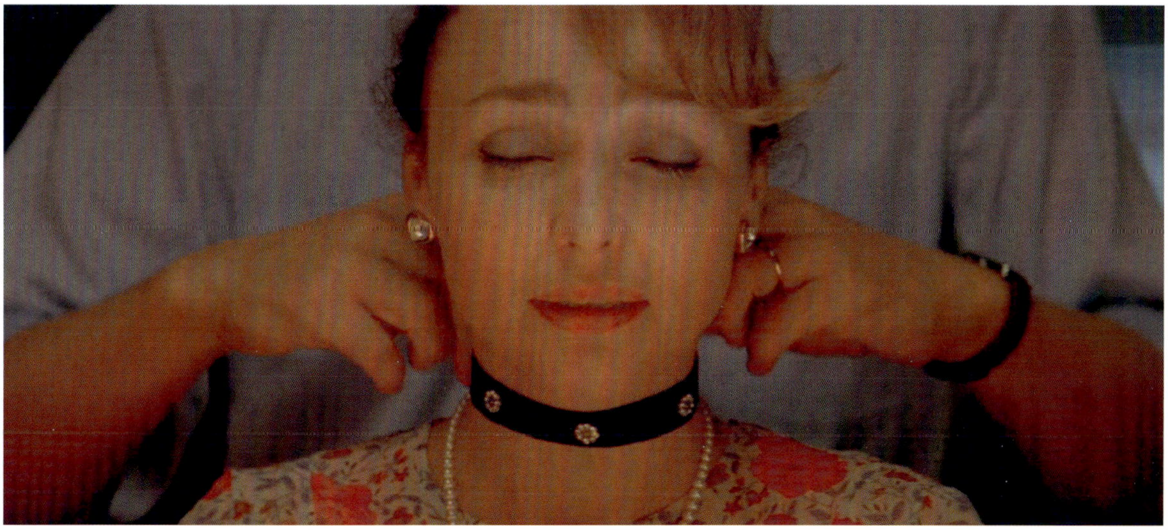

Du menu de ce dîner, nous ne verrons distinctement que le gâteau d'anniversaire improvisé de Yolande – qui se trouve fêter ses 35 ans lors de cette réunion hebdomadaire –, un cake aux fruits confits industriel. Mais le plat, du canard, sans autre précision, sera évoqué plusieurs fois au cours de la soirée. Henri, sans doute pour ruminer tranquillement le départ inattendu de sa femme, mais surtout pour échapper à sa famille à qui il n'a pas encore annoncé la nouvelle, se propose dans un premier temps de le cuisiner à son serveur, Denis (Jean-Pierre Darroussin), lui aussi présent. Il en prépare parallèlement une gamelle pour Caruso, son pauvre chien paralysé.

C'est l'occasion pour la mère d'exprimer son mépris à l'égard de Denis, d'abord en le dérangeant pendant son repas pour qu'il lui serve à boire, alors qu'il a terminé son service, puis en souhaitant un bon appétit seulement au chien, qu'elle traite finalement mieux que l'homme. Les autres mentions du canard sont également des expressions du caractère des personnages. La mère, encore, le trouve indigeste, elle qui est toujours encline à critiquer et à rabaisser Henri, quand elle ne cesse de porter aux nues son autre fils. Quant à Yolande, femme douce et d'une extrême gentillesse, elle ne part pas sans féliciter chaudement le cuisinier pour la réussite de son plat.

CUISSE DE CANARD CONFITE ET PURÉE DE PATATES DOUCES

DIFFICULTÉ : 1/5 **DURÉE** : 1 H 30 MIN **POUR** 4 PERSONNES

Ingrédients

Gros sel

4 cuisses de canard fraîches

1 kg de graisse de canard

1 bouquet de romarin

1,2 kg de patates douces

Sel

Matériel : mixeur

Recette

1 La veille, saupoudrez les cuisses de canard de gros sel et réservez le tout au frigo.

2 Rincez-les à l'eau fraîche, puis placez-les dans une casserole remplie de graisse de canard. Ajoutez le romarin. Faites cuire à feu doux pendant 90 min (vérifiez la cuisson selon la taille des cuisses).

3 En parallèle, épluchez les patates et coupez-les en morceaux. Déposez-les dans une casserole d'eau bouillante pendant une vingtaine de minutes. Lorsqu'elles sont cuites, essorez-les et mixez-les avec du sel.

QUE LA BÊTE MEURE

1969

Plat traditionnel des repas familiaux, le ragoût est un mélange de morceaux de viande cuits lentement dans une sauce, parfois agrémenté de légumes. Il en existe une infinité de recettes, variant selon les régions de France et du monde où elles sont concoctées, et selon les ingrédients utilisés, les viandes, légumes, aromates et liquides étant multiples ! Tous n'ont pas une appellation spécifique, mais citons trois ragoûts de bœuf qui ont su se faire un nom : la carbonade, spécialité flamande parfumée aux oignons et à la bière ; le bœuf Stroganov, plat russe mêlant vin blanc, crème aigre, paprika, moutarde, et de nos jours champignons et oignons ; et l'incontournable bœuf bourguignon, cuisiné au vin rouge.

Pour Jean Yanne, le secret d'un ragoût réussi serait de tenir la viande au chaud quand elle est cuite, puis de faire réduire la sauce à part dans une casserole. Du moins est-ce la conviction de Paul Decourt, le personnage qu'il interprète dans *Que la bête meure*, film de Claude Chabrol sorti en 1969. Dans ce drame, Charles Thénier (Michel Duchaussoy), un auteur de livres pour enfants, décide, devant l'enlisement de l'enquête de police, de mener ses propres investigations pour retrouver – et tuer – le meurtrier de son petit garçon, un chauffard qui l'a renversé et a pris la fuite. Une piste le conduit un jour à Decourt, garagiste à Quimper. Le père en deuil va bientôt se rapprocher de lui et être invité à sa table.

Le repas en question est l'occasion pour Charles de découvrir la personnalité de sa future victime : un homme rustre, odieux et brutal détesté de tous, notamment de son fils et de sa femme, qu'il n'hésite pas à insulter et à humilier dès qu'il le peut. Des traits de caractère qui vont le conforter dans son dessein de vengeance. Lors de ce dîner, Paul critique sans ménagement aucun le ragoût préparé par son épouse, le jugeant « tout simplement dégueulasse », les quatre heures de réduction n'ayant visiblement pas suffi à flatter son goût, à le mettre en appétit, autrement dit à le « ragoûter », verbe attesté depuis le XIIIe siècle.

RAGOÛT DE BŒUF ET POMMES DE TERRE

DIFFICULTÉ : 2/5 **DURÉE** : 3 H **POUR** 4 PERSONNES

Ingrédients

800 g de paleron de bœuf

Huile de tournesol

1 oignon

1 cuillère à café d'ail en poudre

2 cuillères à café de thym

3 cuillères à café de paprika

Quelques feuilles de laurier

2 cuillères à soupe de concentré de tomates

1 cuillère à café de miel

½ cuillère à café de sel

Poivre

12 pommes de terre moyennes à chair ferme

Recette

1 Coupez le paleron en gros cubes. Versez un fond d'huile de tournesol dans une casserole ou une cocotte et faites chauffer à feu vif. Colorez votre viande sur chaque face, puis réservez-la dans un récipient.

2 Baissez à feu moyen et faites revenir vos rondelles d'oignons.

3 Déglacez : passez à feu vif pendant 15 s puis ajoutez un verre d'eau froide.

4 Passez à feu doux puis remettez la viande dans la cocotte. Ajoutez l'ail en poudre, le thym, le paprika, quelques feuilles de laurier, le concentré de tomates, miel et le sel.

5 Mouillez à hauteur : ajoutez de l'eau jusqu'à recouvrir la viande, pas davantage. Couvrez et laissez chauffer à feu doux pendant 2 h 30 en mélangeant de temps en temps. Si vous le souhaitez, poivrez à la fin.

6 30 min avant la fin de la cuisson, préparez les pommes de terre. Faites bouillir de l'eau. Pelez les pommes de terre. Vous pouvez leur donner une forme ciselée à facettes et garder les épluchures pour faire des chips. Mettez-les à cuire dans l'eau bouillante pendant 20 min. Tout est prêt !

LE BONHEUR EST DANS LE PRÉ

1995

Troisième long métrage du réalisateur Étienne Chatiliez, *Le bonheur est dans le pré* est aussi son plus gros succès. Le film raconte l'histoire de Francis Bergeade (Michel Serrault), le patron d'une usine jurassienne de sièges de toilettes en proie à des tracas professionnels et familiaux : la grève de ses employées, un contrôle fiscal, les dépenses inconsidérées de sa femme Nicole (Sabine Azéma) et de leur fille, qui le méprisent ouvertement. Heureusement, pour égayer son quotidien, il peut compter sur son meilleur ami Gérard (Eddy Mitchell), avec lequel il partage moult coups à boire et repas au restaurant.

Un soir, sa vie bascule lorsqu'une émission télévisée diffuse son portrait. Il se serait en effet volatilisé 26 ans auparavant, sa femme de l'époque, Dolorès (Carmen Maura), ainsi que ses deux filles, toutes trois agricultrices dans le Gers, étant à sa recherche. D'abord réticent, il finit par endosser l'identité du disparu, voyant là l'occasion d'échapper à sa triste existence. Il va alors découvrir une famille aimante et généreuse, et une vie simple et paisible, à l'opposé de ce qu'il a connu jusque-là.

La gastronomie, omniprésente dans le film, restera toutefois une constante pour lui. Si nous aurions pu vous donner la recette de la poularde au vin jaune ou des rognons grillés que les deux amis dégustent dans leur « cantine », ou celle du lapereau au bouillon de pomerol, pour lequel ils font un détour de 45 kilomètres, nous avons plutôt retenu celle du gigot d'agneau que prépare Dolorès lors d'une visite de Gérard et de Nicole, désormais ensemble. Ce plat traditionnel des réunions familiales marque l'harmonie naissante entre le passé et le présent du protagoniste.

En fin connaisseur, Gérard en réclame la souris, soit le muscle charnu et moelleux évoquant une poire qui termine le gigot, en haut du manche. Le mot « muscle » vient d'ailleurs du latin *musculus*, qui signifie « petite souris ». Et bien sûr, nous nous devions de lui adjoindre du foie gras, produit emblématique du Gers, que fabriquent Dolorès, ses filles… et maintenant Francis.

GIGOT D'AGNEAU, SAUCE FOIE GRAS

DIFFICULTÉ : 1/5 — **DURÉE** : 1 H — **POUR** 4 PERSONNES

Ingrédients

1 gigot d'agneau

Huile de tournesol

1 kg de pommes de terre

4 gousses d'ail

200 g de crème fraîche liquide

100 g de foie gras entier mi-cuit

Sel et poivre

Facultatif : petit pois ou haricots secs cuisinés (Paimpol, flageolets...)

Matériel : mixeur

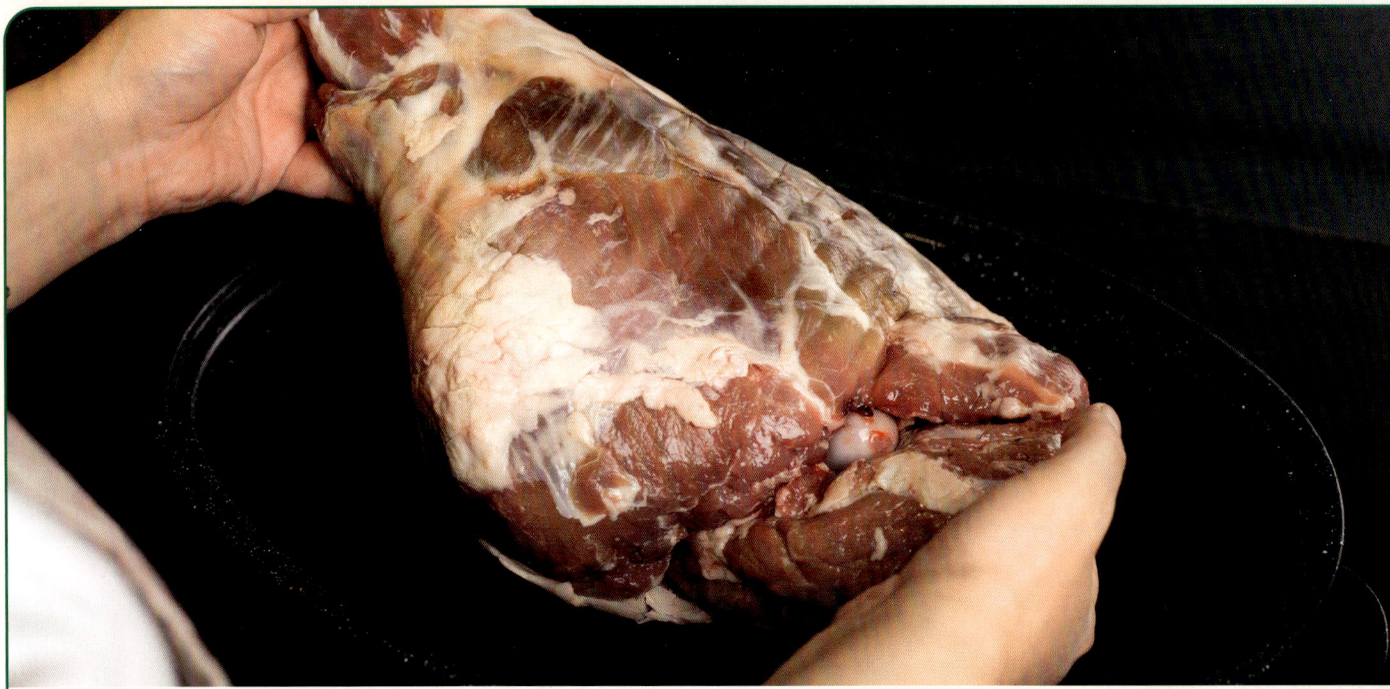

Recette

1 Préchauffez le four à 200 °C. Tapissez d'huile de tournesol le fond d'un plat adapté à la taille du gigot. Déposez-y la viande ainsi que les pommes de terre lavées et entières avec l'ail. Recouvrez le gigot d'huile.

2 Enfournez. Si votre gigot pèse 1 kg, prévoyez 30 min de cuisson. Pour 2 kg, 45 min. Demandez conseil à votre boucher par rapport à votre pièce.

3 Écossez les petits pois si nécessaire et plongez-les dans l'eau bouillante 7 à 8 min en fonction de leur taille.

4 Dans une casserole, faites chauffer la crème avec le foie gras découpé en cubes à feu doux jusqu'à ce que la sauce soit uniforme. Mixez rapidement et salez.

5 Tranchez le gigot et déposez-le dans un plat. Salez et poivrez à votre convenance.

LA CITÉ DE LA PEUR

1994

En 1994 sort sur les écrans « le film de Les Nuls », la comédie décalée *La Cité de la peur*, réalisée par Alain Berberian, d'après le scénario écrit par le trio d'humoristes formé de Dominique Farrugia, Chantal Lauby et Alain Chabat. Ils y interprètent respectivement les rôles de Simon Jérémi, un acteur aussi mauvais que le film d'horreur dans lequel il a joué, *Red is Dead*, Odile Deray, l'attachée de presse chargée de sa promotion lors du Festival de Cannes, et Serge Karamazov, le garde du corps de Simon. Tandis qu'Odile peine à faire parler de son navet, un « serial killer » – en référence à une scène culte – se met à en assassiner les projectionnistes avec les mêmes armes que dans le film, ce qui va donner à ce dernier un coup de projecteur inespéré !

Au cours de l'enquête pour démasquer le tueur, Odile va faire la connaissance du commissaire Bialès, incarné par le « vrai acteur » (cf. le générique) Gérard Darmon. L'attirance entre eux est immédiate. Ils dîneront plus tard au restaurant, l'occasion pour le policier de décrire avec force détails suggestifs l'un des plats proposés à la carte, exprimant la montée de leur désir : « deux cuisses de chevreuil fermes et délicatement écartées, fourrées de crème épaisse, mouillées de vin blanc chaud qui ruisselle sur les parties charnues de la bête, et [...] fermement ligotées sur un lit de cresson [...] tendre et coriace à la fois ». La métaphore n'aura échappé à personne...

Le chevreuil est un petit ruminant voisin du cerf, dont la viande se consomme rôtie ou sautée, accompagnée généralement d'une sauce grand veneur (une poivrade additionnée de crème fraîche et de gelée de groseille), mais aussi en civet (un ragoût fait d'une sauce au vin rouge et aux oignons liée au sang) ou en terrine. Le chevreuil appartient au gibier, c'est-à-dire aux animaux issus de la chasse. Celle-ci étant réglementée en France, il n'est possible d'abattre de tels animaux qu'entre septembre et février. Il est donc étonnant d'en trouver à la carte d'un restaurant pendant la période du Festival de Cannes, lequel se déroule toujours en mai !

CINEMA
ENTREE
CINEMA
ENTREE

CUISSOT DE CHEVREUIL MARINÉ

DIFFICULTÉ : 2/5 **DURÉE** : 15 MIN (VEILLE) + 3 H 15 MIN **POUR** 6 PERSONNES

Ingrédients

1 oignon

3 carottes

1,5 kg de cuissot de chevreuil
(ou paleron de bœuf selon la saison)

75 cl de vin rouge

1 cuillère à soupe de cognac

1 gousse d'ail

4 clous de girofle

1 feuille de laurier

1 brin de thym

2 filets d'huile d'olive

2 cuillères à soupe de farine

2 cuillères à soupe de
concentré de tomates

Facultatif : des pâtes pour accompagner

Recette

1 La veille, épluchez l'oignon et les carottes, et coupez-les en morceaux. Placez la viande dans un saladier avec tous les ingrédients à l'exception de la farine, du concentré de tomates et des pâtes le cas échéant. Laissez mariner toute une nuit au réfrigérateur.

2 Retirez les morceaux de viande de la marinade. Dans une cocotte, faites chauffer l'huile d'olive et colorez votre viande sur toutes ses faces.

3 Farinez la viande et recouvrez-la du concentré de tomates. Faites cuire 5 min. Versez la marinade dans la cocotte et cuisez le tout à couvert à feu doux pendant 3 h.

#JESUISLÀ

2020

En 2020, le réalisateur Éric Lartigau met la Corée du Sud à l'honneur dans le film *#JeSuisLà*. Alain Chabat y interprète le rôle de Stéphane, un chef cuisinier du Pays basque, divorcé et père de deux grands fils, qui mène une vie agréable mais monotone. Un jour, il fait la connaissance sur un réseau social d'une jeune femme sud-coréenne avec laquelle il entame une relation virtuelle faite de courts messages et d'envois de photos. Après plusieurs mois d'échange, il décide brusquement de se rendre à Séoul pour la rencontrer. Prévenue au dernier moment et mise devant le fait accompli, elle lui répond qu'elle viendra le chercher à l'aéroport, mais elle lui fera finalement faux bond, et il l'y attendra des jours durant, découvrant la vie coréenne en ce seul lieu.

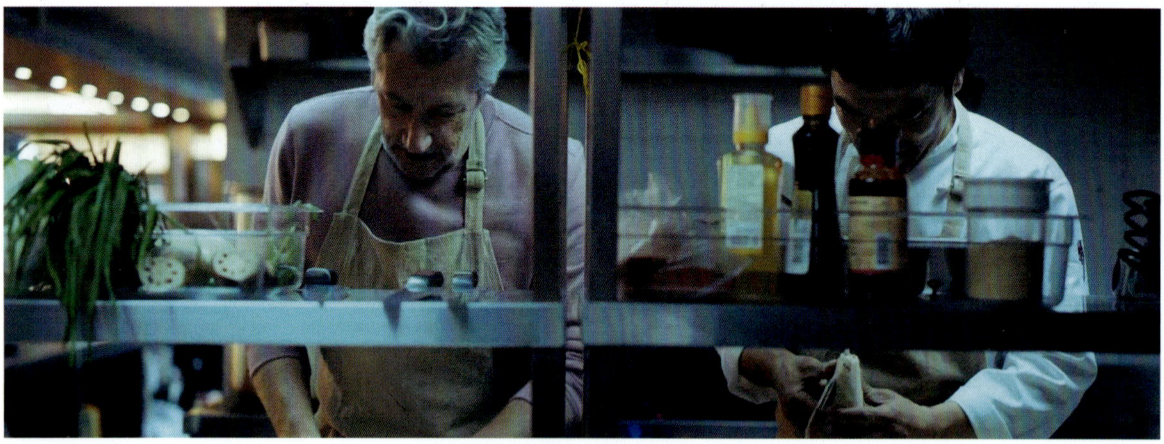

Il faut dire que l'aérogare est vaste et bien équipée, entre ordinateurs, lits et douches mis gratuitement à disposition des passagers, un hôtel, un centre d'affaires et de multiples restaurants. Stéphane va d'ailleurs être invité dans les cuisines de l'un d'eux, après avoir manifesté son intérêt pour le canard proposé à la carte, ce produit étant sa spécialité dans son propre établissement. Le chef sud-coréen et lui vont en préparer une version à la poêle, assaisonnée d'huile de sésame et de pâte de piment, deux ingrédients incontournables des recettes de la péninsule – au même titre que l'ail –, et accompagnée de chou chinois et de chips de lotus.

Encore relativement méconnue en Occident, comparativement à ses cousines chinoise et japonaise, la cuisine coréenne a pourtant su introduire certains de ses plats dans nos contrées, tels que le kimchi (des légumes fermentés, généralement du chou), le bulgogi ou « barbecue coréen » (de la viande marinée puis grillée), ou encore ce que certains considèrent comme le plat national, le bibimbap, du riz entouré de viande et de différents légumes sautés ou blanchis, présentés séparément, et surmonté d'un œuf au plat, le tout rehaussé bien sûr d'huile de sésame et de piment. Avec ce voyage improvisé, Stéphane en a en tout cas assurément mis dans sa vie !

MAGRET DE CANARD ET SES CHIPS DE LOTUS

DIFFICULTÉ : 3/5 **DURÉE** : 30 MIN **POUR** 4 PERSONNES

Ingrédients

2 magrets de canard

½ chou chinois

1 noix de beurre

1 cuillère à soupe d'huile de sésame grillé

1 cuillère à café de sauce soja

1 cuillère à café de sucre

1 gousse d'ail

500 g de racine de lotus

1 cuillère à soupe de vinaigre de riz
(ou autre vinaigre)

1 bouteille d'huile pour friture

Facultatif : piment

Matériel : gril

Recette

1 Avec un couteau, quadrillez les magrets du côté gras. Faites-les cuire 5 min côté peau sur un gril : lorsque le gras est bien doré, retirez-les.

2 Coupez les magrets en deux et plongez-les dans une casserole d'eau frémissante pendant 11 min.

3 Pendant ce temps, préparez la salade. Émincez quelques feuilles de chou chinois et faites-les suer quelques minutes au beurre dans une poêle. Ajoutez-y l'huile de sésame, la sauce soja, le sucre, le piment (facultatif) et l'ail haché. Réservez.

4 Pelez les racines de lotus, coupez-les en tranches et faites-les tremper dans une eau vinaigrée pendant 15 min. Faites-les frire dans une petite casserole avec un fond d'huile de friture.

BIENVENUE CHEZ LES CH'TIS

2008

Énorme et inattendu succès de l'année 2008, *Bienvenue chez les Ch'tis*, réalisé par l'humoriste Dany Boon, réussit même l'exploit de détrôner au box-office national *La Grande Vadrouille*, comédie de Gérard Oury réunissant les deux monstres sacrés Bourvil et Louis de Funès, qui détenait depuis 1966 le record du nombre d'entrées en salle d'un film français. L'œuvre ch'ti en dépasse par ailleurs la barre symbolique des 20 millions et y est à ce jour seulement devancée par la superproduction américaine de James Cameron, *Titanic*. L'engouement pour le film a été tel que la région Nord-Pas-de-Calais a vu sa fréquentation augmenter, et Bergues plus particulièrement, ville où se déroule l'action, a connu un véritable essor touristique.

Philippe Abrams, directeur d'un bureau de poste dans le Sud de la France, interprété par Kad Merad, y est muté par mesure disciplinaire – une sanction selon lui pire que la suspension ou le licenciement – après s'être fait passer pour un handicapé afin d'être prioritaire pour l'obtention d'un poste dans une ville en bord de Méditerranée. Ne connaissant du Nord et de ses habitants que des lieux communs, notamment sur leur prétendue tendance à boire, leur simplicité d'esprit et leurs manières rustres, et sur le supposé froid extrême de la région, il va rapidement être détrompé et découvrir des gens accueillants, généreux et attachants, et un cadre de vie agréable et chaleureux.

Il va également être vite initié aux spécialités et produits culinaires locaux, comme la fricadelle, la carbonade, le chicon au gratin, mais surtout le maroilles. D'abord au petit-déjeuner, étalé sur du pain et trempé dans du café à la chicorée, puis en tarte au dîner – la variante de Valenciennes, appelée « goyère », lui adjoint du fromage blanc. Le maroilles est un fromage au lait de vache, A.O.P. du terroir de la Thiérache, de forme carrée, à pâte molle et à croûte lavée rouge orangé striée, qui possède une odeur et un goût prononcés qui n'ont pas empêché une nette hausse de sa consommation à la suite de la sortie du film, la « chtimania » ayant gagné jusqu'aux assiettes !

TARTE AU MAROILLES

DIFFICULTÉ : 2/5 **DURÉE** : 1 H **POUR** 6 PERSONNES

Ingrédients

2 cuillères à soupe de lait entier

15 g de levure de boulanger

180 g de farine

1 œuf

Sel

80 g de beurre
(+ quelques grammes
pour beurrer le moule)

1 maroilles

1 pot de crème fraîche épaisse

Poivre

Matériel : tourtière/plat à tarte

Recette

1 Dans un ramequin, versez le lait tiède sur la levure.

2 Dans un saladier, mettez la farine et faites-y un puits dans lequel vous casserez l'œuf. Saupoudrez de sel. Versez le mélange de l'étape précédente en battant à la fourchette. Ajoutez peu à peu le beurre fondu. Mélangez jusqu'à ce que la pâte se décolle du plat.

3 Beurrez la tourtière et déposez-y la boule de pâte. Laissez reposer 30 min près d'une source de chaleur.

4 Préchauffez le four à 210 °C. Étendez la pâte à la main dans la tourtière. Disposez dessus la crème fraîche puis le maroilles coupé en tranches.

5 Enfournez pendant 20 min. Une fois la tarte cuite, assaisonnez-la avec un peu de poivre. Vous pouvez la servir froide ou chaude avec une salade verte.

DÉLICIEUX

2021

Lieu de plaisir et de partage, le restaurant serait officiellement né en 1725 en Espagne, à Madrid, du moins selon le *Guinness des records*, qui fait du *Sobrino de Botín* le plus vieil établissement de ce type. En France, le premier restaurant tel qu'on l'entend aujourd'hui est attribué à M. de Chantoiseau, qui a ouvert à Paris en 1765 un lieu permettant à tous de « se restaurer », c'est-à-dire de reprendre des forces. Il faudra attendre l'abolition des privilèges et des corporations pour que l'idée se démocratise.

Délicieux (2021), d'Éric Besnard, raconte sa propre version de l'origine du restaurant, peu avant la Révolution française, à travers le parcours de Pierre Manceron (Grégory Gadebois), un chef brillant et créatif au service d'un duc de province. Ce dernier convie à un repas d'exception d'influentes personnalités, la cuisine étant à l'époque pour les nobles une façon de prouver leur grandeur, quand elle n'est qu'un moyen de subsistance pour le peuple. Et le succès est au rendez-vous, les invités ne tarissant pas d'éloges sur les mets au menu… jusqu'à ce qu'un abbé reproche à Pierre de leur avoir proposé un amuse-bouche comprenant tubercules et champignons, deux aliments indignes d'eux. Refusant de s'excuser pour cet « outrage », Pierre est congédié sur-le-champ. Différentes circonstances l'amèneront alors à imaginer un concept nouveau : des repas savoureux pour toutes les bourses pris autour de tables individuelles.

Il sera désormais libre de servir le « délicieux » – nommé d'après la première critique reçue en coulisse –, la fameuse recette qui lui a valu son renvoi, et dont la réalisation éveille les sens dès les premières secondes du film : un petit chausson de pâte brisée renfermant une alternance de lamelles de pomme de terre et de truffe. Si le tubercule est toujours de nos jours un aliment bon marché, le « diamant noir de la cuisine », comme l'appelait le gastronome Brillat-Savarin, est un produit de luxe, au parfum unique et délicat, que beaucoup ne peuvent s'offrir ou n'ont même jamais goûté. L'abbé ne sait pas ce qu'il a raté !

LE « DÉLICIEUX »

DIFFICULTÉ : 4/5 **DURÉE** : 1 H 30 MIN **POUR** 6 BOUCHÉES

Ingrédients

220 g de farine

21 g de fécule de pomme de terre

Sel fin

9 g de sucre

Poivre

150 g de beurre

1 jaune d'œuf

3 pommes de terre moyennes à chair ferme de même diamètre que vos moules

2 cuillères à soupe de graisse de canard

400 g de champignons de Paris

30 g de truffes noires

54 g de cantal râpé

Facultatif : salade

Matériel : moules ronds, rouleau

NOTE :

Vous pouvez mettre le cantal au congélateur pour le râper plus facilement. Nous avons adapté la recette en y ajoutant des champignons de Paris ; la truffe peut être remplacée par de l'huile aromatisée.

Recette

1 Dans un cul-de-poule ou un saladier, mélangez la farine avec la fécule de pommes de terre, le sel et le sucre. Incorporez-y le beurre préalablement ramolli. Enfin, ajoutez-y les jaunes d'œufs et malaxez jusqu'à obtenir une pâte homogène. Formez une boule et réservez au frais.

2 Épluchez les pommes de terre et tranchez-les en lamelles du diamètre de vos moules.

3 Dans une poêle, chauffez la graisse de canard et faites-y dorer les lamelles de pommes de terre. Salez et poivrez à votre convenance. Enlevez le surplus de graisse avec du papier absorbant et réservez au chaud.

4 Retirez la terre des champignons avec un petit couteau et découpez-les en duxelles (hachis fin). Faites-les suer à feu vif avec une noix de beurre et salez-les. En parallèle, faites des lamelles de truffe à l'économe.

5 Préchauffez le four à 180 °C à chaleur tournante. Étalez la pâte avec un rouleau à pâtisserie sur un plan de travail fariné. Tapissez finement les moules avec la pâte.

6 Superposez à l'intérieur 1 lamelle de pomme de terre, 1 cuillère à soupe de duxelles, 1 lamelle de truffe et du cantal râpé. Répétez jusqu'à atteindre le haut du moule et recouvrez d'une très fine couche de pâte.

7 Vous pouvez préparer des petites décorations avec le reste de pâte et les poser sur le dessus. Enfournez ensuite pendant 35 min.

Les desserts

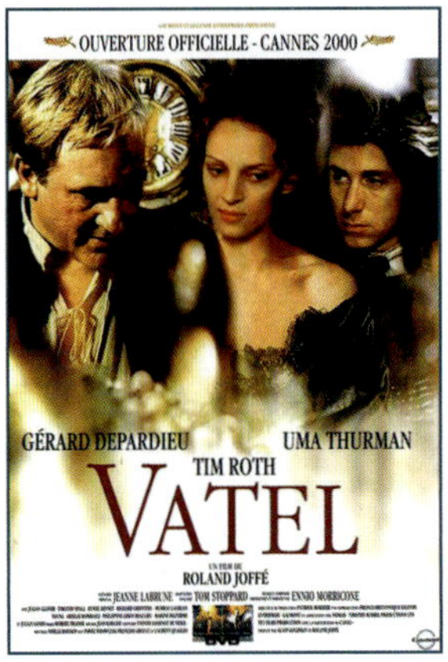

VATEL

2000

Figure de la gastronomie française, François Vatel n'a pourtant jamais été cuisinier, malgré ce que l'on a souvent dit de lui. Il fut en revanche un excellent maître d'hôtel, d'abord au service du surintendant des finances Nicolas Fouquet, à Vaux-le-Vicomte – il y organise en 1661 une somptueuse réception à l'occasion de la visite de Louis XIV, qui impressionnera le souverain autant qu'elle le vexera, Vatel ayant trop bien rivalisé avec sa propre cour –, puis auprès du prince de Condé, au château de Chantilly. C'est dans ce lieu qu'il se suicidera théâtralement en 1671, lors de festivités données en l'honneur du roi.

En 2000, Roland Joffé relate cet épisode dans le film *Vatel*, Gérard Depardieu jouant le rôle-titre. Le prince de Condé, ruiné et malade, cherche à rentrer dans les bonnes grâces de Louis XIV après avoir fomenté contre lui lors de la Fronde 20 ans plus tôt. Pour ce faire, il confie à son dévoué maître d'hôtel l'organisation d'une immense fête de plusieurs jours, réunissant des centaines d'invités, et mêlant spectacles divers et repas fastueux. Mais assurer un événement d'une telle ampleur n'est pas aisé, et Vatel doit gérer fatigue extrême, pression constante et imprévus de toutes sortes. Le dernier d'entre eux – une livraison de poissons largement insuffisante – aura raison de lui, déshonoré à l'idée de faillir à sa mission.

La veille, il avait pourtant su rebondir en apprenant que les œufs étaient gâtés et que les entremets prévus seraient alors irréalisables. En fouettant simplement de la crème fraîche et du sucre, il avait obtenu un substitut très convaincant. Si cette scène appuie le fait que Vatel serait l'inventeur de la crème Chantilly, ce n'est en réalité qu'une légende tenace, cette préparation, d'origine italienne inconnue, datant du XVIe siècle. Ce qui est sûr, c'est qu'elle a reçu cette appellation au XIXe en référence au lieu où officiait Vatel. Accompagnant généralement glaces et fruits frais, la chantilly est une recette délicieuse et enfantine, inratable si la crème et les ustensiles (cul-de-poule et fouet) sont bien froids !

SALADE DE FRUITS ET SA CHANTILLY MAISON

DIFFICULTÉ : 2/5 **DURÉE** : 30 MIN **POUR** 4 PERSONNES

Ingrédients

1 gousse de vanille

30 cl de crème fleurette

45 g de sucre glace

2 pêches

4 abricots

16 fraises

20 cerises

1 cuillère à soupe d'arôme de fleur d'oranger

Un peu de pâte d'amande rose

Matériel : poche à douille, rouleau, batteur électrique

NOTE : vous pouvez bien entendu prendre d'autres fruits de saison.

Recette

1 Ouvrez la gousse de vanille en deux et grattez-en les graines. Réservez-les.

2 Dans un cul-de-poule ou un saladier bien froid, versez la crème fleurette, 30 g de sucre glace et les graines de vanille. Fouettez le tout au batteur jusqu'à ce que la crème épaississe.

3 Sortez tous les fruits et coupez-les en quartier. Mettez-les dans une coupe et ajoutez le reste de sucre glace et l'arôme de fleur d'oranger.

4 Versez la crème chantilly ainsi obtenue dans une poche à douille et décorez votre coupe comme vous le désirez.

5 Afin d'habiller votre coupe de fruits d'une rose, formez 8 boules de pâte d'amande et une autre plus grande. Avec un rouleau, formez 9 pétales. Enroulez le premier autour de lui-même puis entourez chaque pétale d'un autre successivement. Vous n'avez plus qu'à la poser sur votre dessert.

LE FABULEUX DESTIN D'AMÉLIE POULAIN

2001

Entremets composé de jaunes d'œufs, de sucre, de crème et de vanille, cuit au four dans des ramequins, puis parsemé, une fois refroidi, de cassonade – ou de vergeoise blonde dans certaines régions – et passé sous le gril ou au chalumeau de cuisine pour créer une croûte caramélisée, la crème brûlée est d'origine inconnue, bien que revendiquée par les Français et les Espagnols. Si la première mention écrite qui en est faite apparaît dans un ouvrage de chez nous, sa proximité avec la crème catalane penche en faveur d'une provenance ibérique. D'aspect identique, cette dernière est cependant plus épaisse en raison de la farine de maïs qu'elle contient, et est parfumée avec des zestes de citron et de la cannelle.

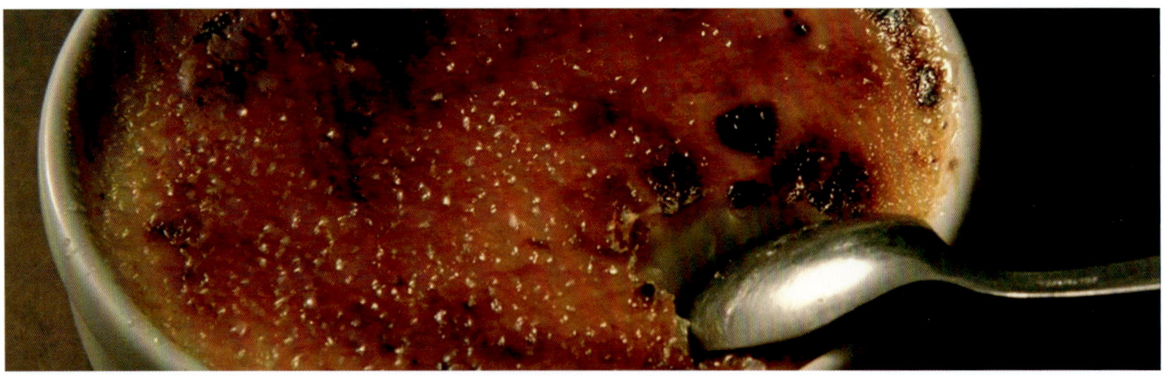

Simple et délicieuse, la crème brûlée présente un autre attrait que sa facilité de préparation et son goût, celui de briser sa croûte avec la pointe de la cuillère, un petit plaisir enfantin que cultive d'ailleurs l'héroïne du très joli film de Jean-Pierre Jeunet sorti en 2001, *Le Fabuleux Destin d'Amélie Poulain*, au même titre que plonger la main au plus profond d'un sac de grains, ou faire des ricochets sur le canal Saint-Martin. L'histoire est celle d'Amélie, interprétée par Audrey Tautou, une jeune serveuse un peu solitaire d'un café de Montmartre qui s'efforce de faire entrer le bonheur dans la vie des autres, sans se préoccuper du sien, mais qui le trouvera finalement elle aussi, en découvrant l'amour.

Immense succès, à la fois public et critique, l'œuvre a obtenu, parmi quantité de nominations (y compris aux Oscar), de très nombreuses récompenses, notamment quatre César : meilleure réalisation, meilleur film, meilleurs décors, et meilleure musique pour le magnifique travail de Yann Tiersen, primé également aux Victoires de la musique, qui signe une bande-son poétique, à l'image du film dont elle est indissociable. Le rôle d'Amélie Poulain a en outre permis à l'actrice Audrey Tautou d'accéder à la notoriété, de même que celui de Lucien, l'employé un peu simplet de l'épicerie du quartier, a fait de Jamel Debbouze une valeur sûre du cinéma français.

CRÈME BRÛLÉE

DIFFICULTÉ : ●○○○○ **DURÉE** : 1 H (+ 4 H AU FRAIS) **POUR** 6 PERSONNES

Ingrédients

1 gousse de vanille

50 cl de crème fraîche
liquide entière

6 œufs

3 cuillères à soupe
de sucre blanc

3 cuillères à soupe de sucre roux
(ou cassonade)

Matériel : ramequins,
batteur, chalumeau

Recette

1 Ouvrez la gousse de vanille en deux afin d'en extraire les graines.

2 Faites chauffer la crème à feu doux avec la gousse et laissez infuser pendant 10 min. Préchauffez le four à 160 °C.

3 Battez les jaunes d'œufs et le sucre avec les graines de vanille pour obtenir un mélange mousseux.

4 Tout en mélangeant, versez doucement la crème filtrée sur le mélange de l'étape précédente. Disposez l'ensemble dans des ramequins et mettez à cuire au four au bain-marie 30-35 min. La crème cuite doit trembler comme un flan. Lorsqu'elle est froide, réservez 4 h minimum au frigo.

5 Saupoudrez de sucre blanc et roux mélangés sur le dessus et caramélisez avec un chalumeau.

LE PÈRE NOËL EST UNE ORDURE

1982

Référence absolue de la comédie française, *Le Père Noël est une ordure*, adaptation de Jean-Marie Poiré de la pièce de théâtre éponyme de la troupe du Splendid, nous régale depuis plus de 40 ans de ses répliques culte : « Je n'vous jette pas la pierre, Pierre, mais j'étais à deux doigts de m'agacer », « Oh, une serpillière ! », « Ça dépend, ça dépasse », « Thérèse n'est pas moche, elle n'a pas un physique facile », ou encore les « C'est c'la, oui » de Thierry Lhermitte (Pierre) qui ponctuent le film. Mais nous retiendrons surtout ici « C'est fin, c'est très fin, ça se mange sans faim ».

Tandis que Thérèse (Anémone) et Pierre assurent la permanence téléphonique de l'association S.O.S. Détresse Amitié le soir de Noël, leur voisin bulgare, M. Preskovic, interprété par Bruno Moynot, leur apporte des gourmandises de son pays, les fameux « doubitchous de Sofia », un mélange peu appétissant de cacao de synthèse, de margarine et de « saccharose » (*sic*) ! Leur « dégustation » donne lieu à une scène hilarante mémorable, qui conduit Thérèse à prononcer cette phrase. Et comme si l'apparence, la composition et la consistance de ces petites douceurs ne suffisaient pas à écœurer nos deux goûteurs, ils apprennent que leur fabrication est artisanale, « roulé[es] à la main sous les aisselles » !

Alors, bien sûr, les doubitchous sont des friandises purement fictives – heureusement ! –, mais ils sont à rapprocher des truffes, faites de vrai chocolat, de beurre (ou de crème fraîche) et de sucre, et offertes elles aussi traditionnellement à cette période de l'année. Créées par le pâtissier de Chambéry Louis Dufour en 1895, les truffes étaient initialement nommées « crottes en chocolat », appellation peu vendeuse mais qui, à en croire l'expression de dégoût de Thérèse et de Pierre, conviendrait assez bien aux doubitchous. Mais la forme allongée de ces derniers et la fine poudre blanche qui les recouvre évoquent davantage une délicieuse spécialité tourangelle, la muscadine, une ganache au praliné parfumée à la liqueur d'orange et enveloppée de sucre glace.

DOUBITCHOUS

DIFFICULTÉ : 2/5 **DURÉE** : 30 MIN **POUR** 12 GROS DOUBITCHOUS

Ingrédients

250 g de farine

100 g de sucre

½ verre de margarine fondue

½ verre d'huile

1 cuillère à café de cacao

150 g de chocolat pâtissier

Sucre glace

Facultatif : 1 pincée de cannelle

Recette

1 Préchauffez le four à 180 °C. Dans un saladier, amalgamez la farine, le sucre, la margarine, l'huile, le cacao et la cannelle.

2 Découpez le chocolat afin d'en faire de fines bandes, selon votre envie.

3 Avec la pâte, enroulez le chocolat pour faire de longs boudins. Enfournez le tout.

4 Au bout de 10 min, sortez-les du four, reformez-les correctement si besoin, puis enfournez-les à nouveau 5 min. Saupoudrez de sucre glace. Laissez refroidir.

DELICATESSEN

1991

Drame fantastique coréalisé par Jean-Pierre Jeunet et Marc Caro, sorti en 1991, *Delicatessen* nous plonge dans un univers post-apocalyptique où la subsistance est devenue la seule préoccupation. Les étranges et disparates habitants d'un immeuble délabré de banlieue ont trouvé une solution pour assouvir tant bien que mal leur faim : la consommation de chair humaine. Le boucher, incarné par Jean-Claude Dreyfus, se charge de faire paraître régulièrement dans le journal une annonce pour « recruter » la prochaine victime, prétextant un poste de concierge à pourvoir, et bien sûr, de tuer et de débiter le malheureux candidat.

Malgré cette combine, la pénurie alimentaire demeure, et la moindre denrée suscite bien des convoitises, en atteste le pugilat provoqué par la livraison d'un colis pour Julie (Marie-Laure Dougnac), renfermant des « petites choses à manger ». En tant que fille du boucher, elle jouit en effet de certains privilèges, et surtout de la richesse de son père, qui peut se permettre le luxe de lui offrir des friandises pour son anniversaire. Loin d'être la plus affamée de l'immeuble, elle rêve pourtant littéralement d'une autre gourmandise, en l'occurrence d'une tarte à la crème surmontée d'une demi-pêche pochée. Mais cette apparition onirique n'est pas tant l'expression de sa faim que la représentation de Louison (Dominique Pinon), le nouveau concierge dont elle s'est éprise.

Julie a vu plus tôt dans la soirée une affiche du spectacle dans lequel il se produisait avant de prendre ce poste. Il y était alors grimé en clown, arborant un visage rond maquillé de blanc et un gros nez rouge, rappelant curieusement le dessert en question. La finalité du mets étant d'être mangé, son irruption dans le songe de la jeune femme traduit l'inquiétude qu'elle éprouve pour Louison, étant donné le sort analogue qui lui est réservé. Le choix de la tarte à la crème est sans doute lié également au fait qu'elle soit emblématique des arts du cirque, les augustes ayant pour gag récurrent de s'en lancer en pleine figure… acte qui serait vécu comme un véritable sacrilège en cette période de disette !

GÂTEAU AUX AMANDES ET SA PÊCHE POCHÉE

DIFFICULTÉ : 3/5 **DURÉE** : 1 H 15 MIN **POUR** 8 PERSONNES

Ingrédients

450 g de sucre

6 œufs

170 g de beurre

300 g de poudre d'amandes

Sel

Une pincée de farine

2 grosses pêches jaunes

2 gousses de vanille

30 cl de crème fleurette

40 g de sucre glace

500 g de mascarpone

Une poignée d'amandes effilées

Matériel : moule à manqué,
batteur électrique, poche à douille

Recette

1 Préchauffez le four à 180 °C à chaleur tournante. Dans un cul-de-poule ou un saladier, mélangez 300 g de sucre et les œufs.

2 Faites fondre 140 g de beurre au micro-ondes ou à la casserole et mélangez-le à votre appareil.

3 Versez la poudre d'amandes dans le cul-de-poule et touillez jusqu'à obtenir un mélange homogène. Ajoutez une pincée de sel.

4 Badigeonnez le moule avec le reste de beurre et saupoudrez-en la surface avec de la farine. Versez la pâte dans le four et enfournez pendant 35 min (piquez pour vous assurer de la bonne cuisson).

5 Pendant ce temps, mettez le reste du sucre dans une casserole. Ajoutez-y 250 ml d'eau et faites cuire à feu moyen jusqu'à l'obtention d'un sirop.

6 Coupez les pêches et retirez les noyaux. Plongez les fruits dans le sirop au moins 15 min en laissant frémir et jusqu'à ce que la pointe de votre couteau s'y enfonce facilement. Retournez-les régulièrement.

7 Récupérez les pêches et enlevez leur peau. Vous pouvez réserver le sirop pour une autre utilisation.

8 Ouvrez les gousses de vanille et récupérez les graines. Dans un cul-de-poule bien froid, versez la crème fleurette, le sucre glace et les graines de vanille. Fouettez le tout au batteur jusqu'à ce que la crème épaississe. Ajoutez le mascarpone.

9 Versez la chantilly dans une poche à douille. Pochez sur la surface du gâteau et étalez bien. Vous pouvez décorer avec la crème comme vous le souhaitez. Posez les demi-pêches. Vous pouvez également verser le sirop et saupoudrer d'une poignée d'amandes effilées si vous le désirez.

PEAU D'ÂNE

1970

Conte populaire de tradition orale dont la version la plus connue est sans doute celle proposée par Charles Perrault en 1694, *Peau d'âne* narre l'histoire d'une ravissante princesse qui s'enfuit pour échapper aux desseins incestueux de son père. Le roi a en effet promis à son épouse mourante de ne se remarier qu'avec une femme « plus belle et mieux faite » qu'elle, mais seule sa fille s'avère répondre à ces critères. Pour le décourager, elle exige en contrepartie des toilettes somptueuses qu'elle pense irréalisables, puis le sacrifice de l'animal qui fait la fortune du royaume, un âne qui défèque pièces d'or et pierres précieuses. Son père satisfaisant tous ses désirs, elle n'a d'autre choix que de quitter le château, revêtant alors la dépouille de la bête pour ne pas être reconnue, et devenant ainsi Peau d'âne.

En 1970, Jacques Demy livre son adaptation du conte dans le style coloré, musical et fantastique qui le caractérise. Il fait appel à Catherine Deneuve pour le rôle principal, ainsi qu'à Jean Marais pour celui du père, et Jacques Perrin pour celui du prince du royaume voisin. Faisant halte dans un village, celui-ci découvre l'existence de Peau d'âne, aux yeux de tous la souillon qui vit dans une cabane isolée en forêt, mais qui lui apparaît dans toute sa beauté, la jeune femme s'étant parée, à l'abri des regards, de sa magnifique robe couleur du soleil. Il s'éprend immédiatement d'elle.

De retour dans son château, le prince, « malade d'amour », n'a plus ni appétit ni goût à rien. Il réclame alors la seule chose qui pourrait le guérir : que Peau d'âne lui confectionne un gâteau. S'ensuit une scène mythique du film où, en chanson, la princesse réalise un « cake d'amour » d'après la recette lue par son double malpropre. L'étape clé en est l'insertion dans la pâte d'un présent, un anneau en or, pour l'élu de son cœur – une divergence avec le conte de Perrault qui entretient le doute sur le caractère intentionnel de cet acte –, accompagnée d'un « souhait d'amour », ce qui permettra à Peau d'âne de bientôt s'unir au prince, et ainsi de recouvrer son rang.

CAKE D'AMOUR

DIFFICULTÉ : ●○○○○ **DURÉE** : 45 MIN **POUR** 6 PERSONNES

Ingrédients

200 g de farine
(+ un peu pour fariner le moule)

4 œufs

10 cl de lait

100 g de sucre

70 g de beurre

Une pincée de sel

1 sachet de levure

1 cuillère à café de miel

Un peu de sucre glace

Matériel : moule à cake

Recette

1 Allumez votre four : préchauffez-le à 180 °C. Préparez votre pâte : prenez de la farine, et versez-la dans le saladier avec les œufs, le lait, le sucre, le beurre, le sel et la levure. Amalgamez et battez jusqu'à ce que la pâte soit uniforme. Rajoutez une larme de miel et brassez encore un peu.

2 Lissez le moule de beurre, farinez-le et laissez cuire 20 min. (« Un souhait d'amour s'impose tandis que la pâte repose. ») Une fois le cake cuit, saupoudrez de sucre glace.

LES SAVEURS DU PALAIS

2012

Grand classique de la gastronomie française, le saint-honoré a été créé au milieu du XIXe siècle par le pâtissier Chiboust, qui lui a donné le nom de la rue où sa boutique était installée, rendant ainsi également hommage à Honoré, saint patron des boulangers et des pâtissiers. Le gâteau d'origine consistait en une brioche remplie de crème pâtissière, mais sa nature spongieuse a conduit Auguste Jullien, au service de la maison parisienne, à retravailler la recette, pour aboutir à celle que nous connaissons aujourd'hui, à savoir une abaisse de pâte feuilletée ou brisée recouverte d'une crème Chiboust – mélange de crème pâtissière et de meringue italienne aromatisé à la vanille –, et dont le pourtour est garni de petits choux fourrés et caramélisés.

Si les pâtissiers actuels remplacent très souvent la crème Chiboust par une simple chantilly, c'est une crème « mémé » qui est utilisée dans le film de 2012 de Christian Vincent, *Les Saveurs du palais*, librement inspiré de la vie de Danièle Mazet-Delpeuch, cuisinière personnelle de François Mitterrand pendant deux ans. Catherine Frot y incarne Hortense Laborie, cordon-bleu du Périgord, bonne vivante et véritable passionnée des produits du terroir, dépêchée au palais de l'Élysée pour assurer les repas privés du président de la République, campé par Jean d'Ormesson.

Bien que ce dernier soit rapidement séduit par sa cuisine authentique, rurale et familiale, Hortense est loin de faire l'unanimité auprès de la brigade de la cuisine centrale, d'un style plus académique, et doit s'adapter à un milieu exclusivement masculin et très majoritairement misogyne et hostile à son égard. Ainsi, son saint-honoré, premier dessert qu'elle concoctera pour le président – adresse de la résidence officielle du chef de l'État oblige –, s'éloigne quelque peu de la version traditionnelle. Si l'on sait qu'il est confectionné sans pâte feuilletée, uniquement avec de la pâte à choux, la composition et la réalisation précises de sa crème « mémé », en référence à sa grand-mère qui lui a enseigné la recette de ce gâteau, restent un mystère…

SAINT-HONORÉ

DIFFICULTÉ : ●●●●● **DURÉE** : 2 H **POUR** 6 PERSONNES

Ingrédients

500 ml de lait

1 cuillère à café de sel

290 g de sucre en poudre

100 g de beurre

125 g de farine

6 œufs

2 feuilles de gélatine

25 g de fécule de maïs

1 gousse de vanille

600 ml de crème fleurette entière

70 g de sucre glace

250 g de pâte feuilletée pur beurre

½ cuillère à café de vanille en poudre

Matériel : 3 poches à douille, maryse, batteur électrique, papier sulfurisé, douille à saint-honoré

NOTE :

N'hésitez pas à commander votre pâte feuilletée dans une boulangerie.

Recette

1 Dans une casserole, versez 250 ml de lait, le sel, 15 g de sucre en poudre et le beurre coupé en petits dés. Portez à ébullition. Lorsque le beurre est fondu et que le lait bout, retirez du feu et versez la farine d'un coup. Mélangez bien.

2 Cassez 4 œufs en mélangeant bien entre chaque œuf jusqu'à absorption totale.

3 Mettez le mélange dans une poche à douille et réservez au frigo. En parallèle, faites ramollir la gélatine dans de l'eau froide.

4 Dans un saladier, fouettez les jaunes d'œufs restants avec 75 g de sucre en poudre pour les faire blanchir. Ajoutez la fécule de maïs et fouettez vivement.

5 Dans une casserole, faites chauffer le lait restant avec la gousse de vanille fendue et grattée. Réservez les graines. Versez ce mélange chaud sur celui de l'étape précédente en remuant vivement. Reversez le tout dans la casserole en remuant avec une maryse et faites cuire jusqu'à ébullition en remuant constamment.

6 Quand la crème est prête, versez-la dans un plat. Ôtez la gousse de vanille et ajoutez la gélatine essorée. Remuez vivement puis filmez au contact (voir photo) et réservez au réfrigérateur. Lorsque la crème est froide, mettez-la dans un saladier et fouettez-la quelques instants jusqu'à ce qu'elle retrouve sa souplesse.

7 Dans un cul-de-poule ou un saladier bien froid, versez 200 ml de crème fleurette très froide, 30 g de sucre glace et les graines de vanille. Fouettez le tout au batteur jusqu'à ce que la crème épaississe.

8 Incorporez cette crème chantilly à celle de l'étape 6 avec une maryse. Versez la crème diplomate ainsi obtenue dans une poche à douille. Réservez-la au réfrigérateur.

9 Préchauffez le four à 180 °C. Préparez une feuille de papier sulfurisé. Découpez un grand cercle dans la pâte feuilletée et déposez-le sur le papier. Sur tout le bord du cercle, appliquez la pâte à choux obtenue à l'étape 3 et mettez-en un peu au centre. Enfournez 20 min et réservez.

10 Sur une autre plaque, dressez des choux d'environ 4 à 5 cm de diamètre. Si vous avez des petites pointes qui dépassent des choux, utilisez une fourchette trempée dans l'eau pour les aplatir délicatement en piquant en croix. Faites-les cuire 35 min à 180 °C sans jamais ouvrir la porte du four.

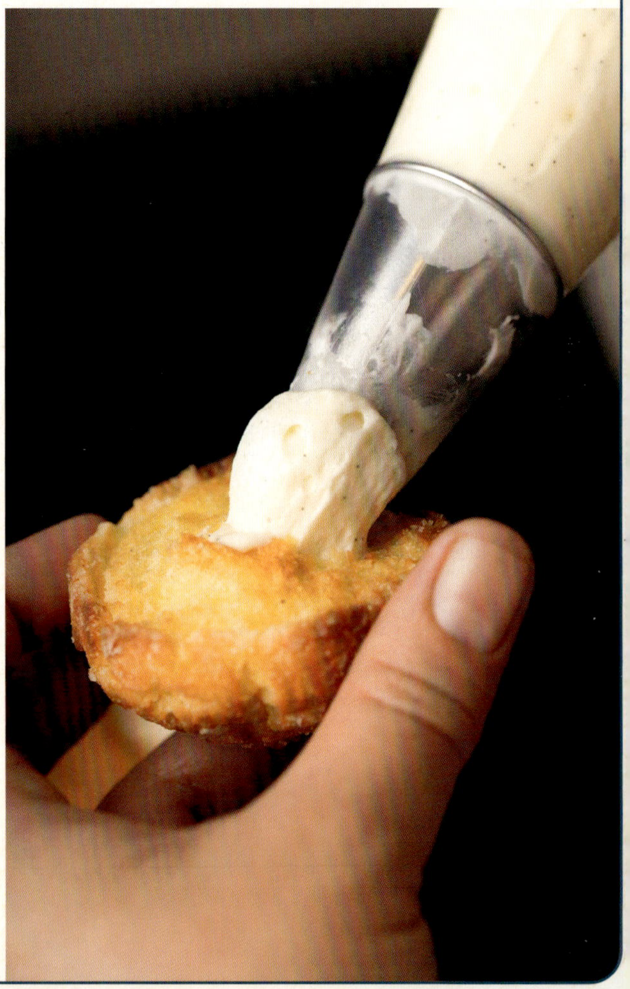

11 Remplissez les choux avec la crème diplomate obtenue à l'étape 8. Faites fondre le sucre en poudre restant à sec dans une poêle pour faire du caramel. Trempez les choux dedans.

12 À nouveau, prenez un cul-de-poule ou un saladier bien froid. Versez-y le reste de la crème fleurette très froide, du sucre glace et la vanille en poudre. Fouettez le tout au batteur jusqu'à ce que la crème épaississe. Réservez au frais dans une poche avec une douille à saint-honoré.

13 Une fois que tout est prêt et que la crème est froide, utilisez la crème chantilly de l'étape précédente pour décorer la pâte feuilletée de l'étape 8 comme vous le souhaitez. Disposez les choux. C'est prêt !

DANS LA MÊME COLLECTION

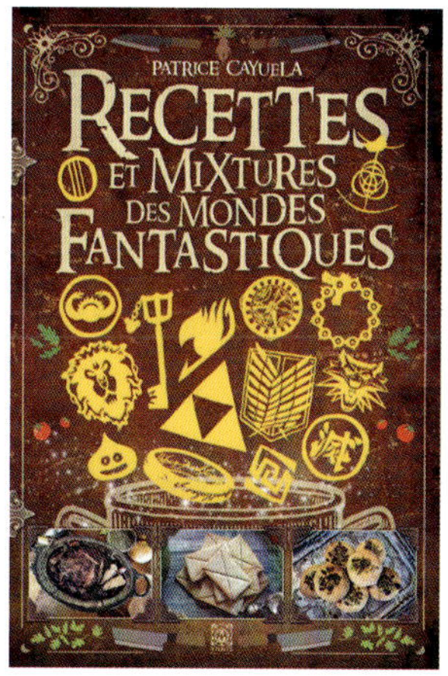

YNNIS-EDITIONS.FR

YNNIS-EDITIONS

Dépôt légal : novembre 2023
ISBN : 978-2-37697-438-3
Imprimé en Slovaquie par Polygraf Print en octobre 2023